AF253979

LE

MOUVEMENT

COLONIAL

PAR

Th. DESDEVISES DU DEZERT

PROFESSEUR DE GÉOGRAPHIE A LA FACULTÉ DES LETTRES DE CAEN
MEMBRE HONORAIRE DE LA SOCIÉTÉ NORMANDE DE GÉOGRAPHIE
ET DE LA SOCIÉTÉ DE GÉOGRAPHIE DE TOURS
DES SOCIÉTÉS DE GÉOGRAPHIE DE PARIS ET DE MARSEILLE, ETC.

Aspice convexo nutantem pondere mundum,
Terrasque tractusque maris...

VIRG., *Ecl.* VI.

CAEN

IMPRIMERIE F. LE BLANC-HARDEL

Rue Froide, 2 & 4

1884

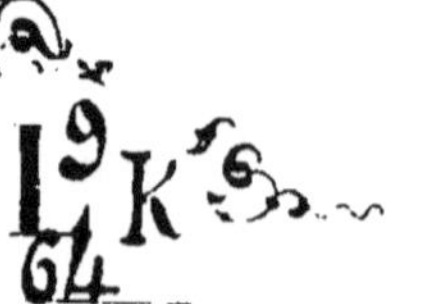

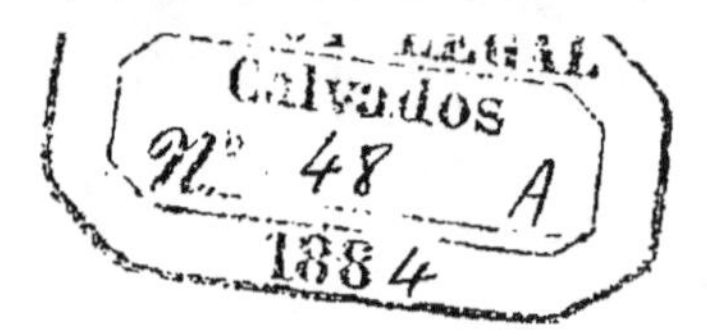

LE
MOUVEMENT
COLONIAL

PAR

Th. DESDEVISES DU DEZERT

PROFESSEUR DE GÉOGRAPHIE A LA FACULTÉ DES LETTRES DE CAEN
MEMBRE HONORAIRE DE LA SOCIÉTÉ NORMANDE DE GÉOGRAPHIE
ET DE LA SOCIÉTÉ DE GÉOGRAPHIE DE TOURS
DES SOCIÉTÉS DE GÉOGRAPHIE DE PARIS ET DE MARSEILLE, ETC.

Aspice convexo nutantem pondere mundum,
Terrasque tractusque maris...

Virg., *Ecl.* VI.

CAEN

IMPRIMERIE F. LE BLANC-HARDEL

Rue Froide, 2 & 4

1884

Conférence faite le 15 mars 1884, sous le patronage du Cercle Caennais de la Ligue de l'Enseignement.

LE

MOUVEMENT COLONIAL

*Aspice convexo nutantem pondere mundum
Terrasque tractusque maris...*

Virg , Ecl. vi.

MESSIEURS,

Le mouvement colonial, dont je viens vous entretenir, est nouveau en France, et n'a pas encore un
demi-siècle. Né de la paix générale et des progrès
accomplis en Europe à la faveur de la paix , il s'est
affirmé régulièrement par des émigrations très-consi-
dérables, que n'ont pu ralentir les épreuves les plus
douloureuses. Il n'a plus rien du caprice, et si quelques
pays ont un plus fort contingent, tous y participent ;
il n'y a presque plus rien de local. C'est que tous en
apprécient les avantages et que tous peuvent en connaître les conditions. Ce qui distingue le mouvement,
et ce que nous constatons avec joie, ce sont les études
préalables, c'est la nécessité d'un certain degré d'instruction, la méthode dans l'exploration, la multipli-

cation des sources et des indications, le nombre des associations, la bonne volonté croissante des gouvernements. La faveur publique est acquise d'avance à tous les dévouements; les noms des grands voyageurs, des grands colonisateurs, sont rapidement populaires, et dans ce mouvement si spontané, si fécond, la France républicaine est aux premiers rangs. Voilà ce que j'entreprends de vous démontrer, sans vous fatiguer d'une nomenclature inutile, mais sans m'interdire, si j'en sens le besoin, les applications et les exemples.

I.

En 1840, lors de la construction des fortifications de Paris, qui, si elles n'ont pu nous préserver totalement, nous ont permis du moins de résister avec honneur, le mouvement en France est indécis. Sans doute, il y a déjà des tendances : l'application de son utopie sociale conduit Cabet au Texas ; la soif de l'or entraîne en Californie et en Australie des milliers d'Européens ; le Mexique attire un aventurier de génie ; l'Araucanie devient momentanément le royaume d'un fou. Mais il n'y a véritablement debout que l'Angleterre, maîtresse incontestée du plus grand des empires, accordant partout l'autonomie, gardant partout l'hégémonie, et avec elle la domination des mers. Qu'est-ce, en effet, à cette date de 1840, que notre colonie d'Alger, encore mal soumise, et dont la conservation est mise en question dans tous les conseils ? Malgré les grands résultats déjà obtenus, les vues sont courtes ; le prestige préoccupe moins que le péril, et surtout la dépense ; pour les cabinets qui se succèdent, l'Algérie est plutôt un embarras qu'un appui. Si la Russie a plus de succès, elle opère sans rivaux, sous la direction d'une volonté absolue, sur un terrain entièrement continental, qui lui est contigu, et la comparaison, pour peu qu'on la prolonge, ne se saurait souffrir.

Les causes du mouvement colonial varient avec les contrées et avec les circonstances. Un retour sérieux? à la politique d'équilibre, qui, en somme, est la plus solide et la meilleure, en assurant la paix, rend les débouchés plus nécessaires ; puis c'est le progrès constant de l'instruction, de la population, du bien-être ; la facilité chaque jour plus grande des relations et des communications, l'inévitabilité des comparaisons, le cadre chaque jour plus étendu des spéculations et des intérêts. Il y a encore la difficulté, souvent très-réelle, de trouver sa place au soleil, de résister à une concurrence fiévreuse et presque illimitée ; l'impossibilité pour quelques natures ardentes de vivre dans un ordre légal trop restreint, de se mouvoir dans une civilisation trop avancée, où tout est prévu et obligé ; le besoin d'indépendance, impérieux pour un grand nombre ; l'esprit de convoitise, à la piste des fortunes rapides ; l'esprit d'aventure, à la piste de la domination ou de la réputation ; la fièvre produite par le spectacle du succès. Enfin, et comme auxiliaires d'un autre ordre, il faut citer les publications périodiques, qui multiplient les appels ; les cartes, qui indiquent les vides ; le service militaire, qui mobilise les générations et familiarise avec l'idée d'une absence temporaire; les organes de la presse, qui prodiguent les éloges et les encouragements.

Tout cela, sans doute, n'est pas tellement particulier au temps actuel, qu'on ne puisse en découvrir les principaux éléments dans les époques antérieures; mais jamais cela n'a été plus général, ni senti plus vivement. Le développement jusqu'à présent incomparable des libertés publiques, l'association des classes les plus humbles à la vie politique, ont surexcité partout l'initiative individuelle, et porté un grand nombre à oser ce que naguère encore ils n'auraient pu concevoir. On délibère si on ira en Algérie ou au Tonkin, comme on délibérait jadis si on changerait de commune ou d'arrondissement; ce qu'on ne peut pas chez soi, pour un grand nombre de raisons qu'aisément on démêle, on le pourra probablement ailleurs; chacun prend à cœur d'en essayer, et quand on n'est plus qu'à deux jours d'Alger ou d'Oran, à dix ou douze jours de New-York, cela paraît naturel. On émigre aussi librement qu'on spécule; tout se prépare à ciel ouvert, et, le bagage préparé, bagage souvent fort léger, on n'attend plus que le vent.

Le vent, et l'étude : une étude patiente, attentive, dont des hommes compétents ont rédigé le programme. C'est, en effet, le cas ou jamais de sentir le prix de la réflexion, de mettre à profit l'expérience des anciens. L'enquête, une enquête inconsciente, parce qu'elle est incessante, précède l'émigration, même individuelle, et partout elle assure la vogue légitime des grands explorateurs. Qui s'en plaindrait, ou encore qui se flatterait, même avec les efforts les plus consciencieux, de dire aussi bien, de laisser dans l'esprit une trace aussi profonde? Qui pourrait dire l'influence exercée dans nos grandes villes par une parole émue, s'adressant à la jeunesse de nos écoles et de nos ateliers? C'est là que les descriptions ravissent, que les récits captivent, que les résultats séduisent; là encore que les Soleillet et les Roudaire recrutent pour l'avenir des Garnier et des Brazza.

Parmi les pays qui se prêtent à la colonisation, tous n'ont pas le même aspect ou le même caractère. Les uns sont indépendants, les autres sont soumis à quelque suzeraineté politique; les uns sont absolument vacants (ce qui devient très-rare), les autres ont une population indigène : tout cela, évidemment, est à prendre en considération. Il faut aussi qu'il y ait des conditions suffisantes de productivité; soit des richesses métalliques, ce qui est recherché de préférence, soit d'importantes matières premières, soit au moins la possibilité de cultiver des céréales et d'élever du bétail. Il faut que le pays soit accessible, salubre, que l'Européen puisse y vivre et s'y perpétuer, qu'il se prête à la défense, à la création de voies rapides, à la navigation, à l'industrie, ou, si le travail européen y est difficile, qu'il possède une race capable de s'y substituer à la race blanche. Ces conditions, absolument nécessaires pour déterminer un courant, c'est la géographie qui les donne, la géographie essentiellement contemporaine, la science du moment; elles sont le résumé des voyages, des relations, des explorations, des missions scientifiques.

Et maintenant, Messieurs, que nous connaissons le grand fait qui nous occupe dans ses causes et dans ses conditions, étudions-le dans les faits ; ils ne manqueront ni d'intérêt ni de grandeur.

II.

Les Antilles françaises sont vraiment terre de France ; l'action gouvernementale de la métropole s'y exerce depuis longtemps sans aucune difficulté, et l'obéissance n'a jamais cessé d'être complète. Mais si les îles sont fidèles, elles demeurent stationnaires, et cette situation ne se modifiera pas sensiblement. En effet, sur tous les points du monde, la concurrence grandit avec les besoins, et ici l'espace manque pour la soutenir. Du moins avons-nous dans ces îles si fertiles d'excellentes stations navales, suffisamment protégées, bien approvisionnées, d'une grande valeur pour notre marine, et dont la réunion prochaine des deux océans nous fera mieux encore reconnaître le prix.

Sans doute la Guyane ne sera jamais un séjour d'élite, et les cultures agricoles y feront longtemps défaut. Qu'il y a loin cependant des récits de Barbé-Marbois, ou même des réflexions de Cuvillier-Fleury, aux peintures animées du docteur Crévaux, dont la robuste constitution, éprouvée antérieurement par la fièvre jaune, a pu braver les dangers d'une exploration intérieure, et traverser impunément plus de cinq cents lieues de pays ! Que de choses bonnes à retenir dans les rapports de M. de la Bouglise, et -

dans la Notice officielle publiée récemment par le ministère de la marine! L'insalubrité du pays, fort atténuée par les dernières relations, n'est pas plus grande que dans les autres contrées sous la même latitude, et la mortalité annuelle des transportés ne dépasse guère 7 %; l'exploitation des forêts est appelée à la diminuer, et aussi les progrès de la viabilité et de la canalisation. La côte, depuis l'Oyapok jusqu'au Maroni, abonde en métaux précieux; le Maroni n'est séparé du Yari, affluent du Maranon, que par la chaîne des Toucou-Hamac, que Crévaux a traversée; les ressources forestières sont immenses et à peu près intactes; le pays, au moins dans les terres hautes, se prête à l'établissement des voies ferrées, et en possède les matériaux.

Là, Messieurs, nous sommes les maîtres sur une grande étendue de pays (500 kil. de côtes, 22 cours d'eau, 90,000 kil. carrés, ou environ la superficie de quinze départements). Presque partout le fonds, à base d'argile, serait d'une richesse inépuisable, si on parvenait à diriger l'écoulement des eaux. La population indigène (moins de 20,000 habitants) est si clairsemée qu'on n'a guère d'autres adversaires que les marais et les serpents. Enfin, la limite avec le Brésil est encore indécise, et en poursuivant sa fixation par voie amiable, on pourrait se rapprocher sensiblement du Maranon, dont le débouché est appelé au plus brillant avenir. Les mines d'or, qui déjà attirent la population, sont prospères; on en compte actuellement plus de soixante, qui suffiront à recruter des colons. Le mouvement, déjà sensible, est favorisé par un nouveau service à vapeur de Cayenne à Para, qui se relie à tous les autres.

Ce n'est pas là toute l'Amérique française. Dans le Nord, où nos frères du Canada conservent si pieusement notre langue et notre souvenir, des négociations sont entamées pour l'acquisition de l'île Anticosti, destinée à décupler notre pêche en étendant nos sécheries. Au centre des deux continents, dans l'isthme de Panama, la pioche héroïque de notre compatriote, M. de Lesseps, va bientôt joindre les deux mers. Qui pensait à cela il y a vingt-cinq ans ? Qui l'ignore aujourd'hui ?

III.

C'est, Messieurs, ce réveil de l'esprit français, porté par le flot des publications nouvelles, qui me permet d'être aussi rapide ; mais, quand je ne pourrais vous présenter que le dessus du panier, je devrais encore vous l'offrir, et quelle n'est pas sa magnificence pour l'Algérie seulement ! Il y a treize ans, au lendemain de nos malheurs, lorsque la balance s'affaissait d'instant en instant sous l'épée brutale de l'Allemand victorieux, l'Algérie était mise en délibération, et pour conserver l'intégrité du sol français, plus d'un alors l'aurait cédée de bon cœur. C'eût été, Messieurs, une faute plus grande que toutes les autres, et nous devons nous féliciter de ne l'avoir pas commise. Depuis quatorze ans, le territoire civil a triplé d'étendue ; la population blanche s'est augmentée d'un quart ; les voies ferrées se sont multipliées ; les insurrections,

quand elles se produisent, ont un caractère misérable
qui fait ressortir à tous les yeux leur impuissance; la
propriété foncière se consolide et hausse de prix ;
l'instruction se répand à tous les degrés et devient
spéciale à la colonie, qui est chaque jour mieux
connue ; les centres deviennent plus nombreux, et
avec eux les écoles, où l'on apprend le français à côté
de l'arabe ; on va en chemin de fer d'Oran à Tunis ;
un service régulier de paquebots relie tous les ports
depuis Mostaganem jusqu'à Gabès, et le Maroc lui-
même est à notre merci ?

La Tunisie, cette Algérie orientale, est ajoutée définitivement à notre domaine et est subordonnée à
notre politique, grâce à notre protectorat sur cette
belle contrée, qui équivaut à vingt de nos départements, et, avec l'Algérie, égale la France elle-même.
Nos possessions de l'Afrique du Nord n'ont plus
d'autre frontière de trois côtés que la mer et les sables.
A Tunis, les finances de l'état musulman sont admi-
nistrées régulièrement, pour la première fois peut-être
depuis la migration des Fatimites, et bientôt le bey,
inspiré par notre résident, va autoriser le colonel
Roudaire à jeter dans les chotts de la zone méridio-
nale, les eaux de la Méditerranée. Voilà ce qu'on a
fait en moins de vingt ans, ce qu'un initiateur patient
a préparé dans des travaux qui sont de véritables
campagnes scientifiques, et peut-être cette œuvre,
entrée dans la période d'exécution, se réalisera-t-elle
en moins de temps que la Méditerranée n'en mettra
à achever la sienne. On a rendu justice, même en
Allemagne, à une activité aussi féconde, et on a dit

que la France était en Afrique le pionnier de la civilisation européenne. Aujourd'hui, la république française compte en Algérie et en Tunisie près de six
millions de sujets, et un contingent de race blanche
presque égal à celui des indes anglaises ; la Tunisie,
déjà beaucoup mieux connue, est capable à elle seule
d'en nourrir le triple. Le docteur Rouire, que j'ai
l'honneur de connaître personnellement, et qui m'a
initié lui-même à ses découvertes, a retrouvé les
grands fleuves de la Byzacène, et cet *emporium* de
l'Afrique carthaginoise est à la veille de devenir le
grenier de la colonie tout entière.

Ce qui frappe tout d'abord dans la revue des établissements français, c'est le caractère particulier,
tout à fait local des obstacles à vaincre dans chacune
des contrées où les Français ont un pied. Aucune ne
se ressemble, et nous sommes obligés de faire face à
tous les périls, de satisfaire à tous les besoins avec les
mêmes ressources et les mêmes institutions. Au Sénégal, où la France est établie depuis près de deux
siècles, il y a deux ports : Dakar, plus sûr, mais
point bâti, et dont le mouillage seul est fréquenté ;
St-Louis, perdu dans les fanges insalubres du bas
Sénégal, plus vivant sans être en progrès, devant à
son importance militaire d'être resté le siège du gouvernement. Le commerce de la gomme, des arachides,
y représente annuellement vingt-cinq millions de
francs ; le drapeau français a été porté jusqu'à Bafou-
labé, à deux cents lieues dans l'intérieur ; la navigation
du Sénégal lui-même, s'est étendue jusqu'à Podor, et
la route du Niger a été protégée par une série de forts,

construits par le colonel Desbordes. Il y a aussi un chemin de fer projeté du Niger aux bouches du Sénégal, et un premier tronçon de 135 kilomètres est voté tout entier.

Ici, Messieurs, il ne faut pas nous laisser séduire par ce brillant tableau; il faut, au contraire, ne pas dissimuler nos craintes : nous avons ailleurs d'assez belles compensations pour ne pas avoir peur d'être vrais. Si les résultats scientifiques sont considérables au Sénégal, et si l'on peut s'y réjouir des progrès de la géographie, les résultats pratiques sont loin d'être aussi satisfaisants. A St-Louis, pour peu qu'on séjourne, la vie n'est pas tenable; il n'y a à résister que les métis, auxquels il faut se confier nécessairement, et qui, sous la dénomination de fondés de pouvoir, sont réellement les maîtres du commerce. Sur le sol même, les indigènes, faisant peut-être un million d'habitants, ont les mœurs des héros d'Homère; ils habitent l'hiver des villages dans les montagnes, l'été des villages en plaine, combattent l'été; vivent renfermés l'hiver, et leur vie est un mélange d'inaction forcée et de guerres d'extermination. Après la victoire, tout homme valide est tué, quelquefois mangé; les femmes et les enfants sont réduits en esclavage, et chez les alliés, placés sous la protection de la France, le spectacle est le même que chez les ennemis. Ce régime barbare est indestructible; c'est un des côtés de la traite continentale, qui sévit dans toute l'Afrique centrale, et dont les marchands maures ou arabes se sont faits les courtiers. J'en ai pour garants les travaux, si justement estimés, de mon honorable collègue, M. Berlioux, et des témoignages personnels tout récents, de la plus grande authenticité.

Ainsi, dans cette immense région du Sénégal et du haut Niger, le progrès aura beaucoup de peine à s'obtenir : il y a trop peu de population blanche, et cette population elle-même est trop mobile; elle réside trop peu de temps. De même il ne faut pas trop se fier aux voies ferrées, qui coûtent horriblement cher, et qui sont emportées au fur et à mesure par des crues périodiques couvrant tout le pays. Enfin, quand on parviendrait à les préserver des eaux, comment pourrait-on exercer sur des centaines de lieues une surveillance suffisante, avec un personnel nécessairement restreint, peu susceptible d'augmentation, et contre une population dissimulée, d'une adresse féline, dont la guerre est l'élément ? Voilà ce que le bon sens oppose victorieusement aux partisans de cette grande ligne, plus praticable sans doute que la voie saharienne, mais presque aussi onéreuse, et exposée dans son exploitation quotidienne à une perpétuelle série de mécomptes et de catastrophes.

C'est dommage, en vérité, car la région du haut Niger, reconnue par le colonel Desbordes, est excellente et d'une grande valeur commerciale. La population, très-nombreuse, y est susceptible d'un certain degré de culture, et il y aurait là, plus qu'au Sénégal, des éléments de prospérité. S'il y avait quelque chance de réussir, ce serait par des concessions à l'industrie privée, c'est-à-dire par des privilèges constituant un monopole rémunérateur, et pour un temps seulement.

Saluons en passant notre compatriote Bonnat et son émule, l'abbé Bouche ; leurs pénibles explorations nous ont fait mieux connaître les tribus barbares de la Guinée, et ont attiré de nouveau, l'attention de nos gouvernants sur les comptoirs de Grand-Bassam et d'Assinie ; depuis moins d'un an, le pavillon français flotte à Porto-Novo : c'est l'utile complément de nos précieuses escales dans ces régions aussi fertiles qu'insalubres, où tous les peuples maritimes ont comme nous des stations.

Entre le Niger, dont l'embouchure est reconnue depuis 1830, et le Congo, dont les Portugais sont les maîtres depuis quatre siècles, il y avait encore, en 1874, une lacune de soixante degrés carrés, et la côte seule était à peu près explorée du Tchari au Congo, du Bahr-el-Ghazal au golfe de Guinée. A la suite de l'anglais Du Chaillou, dont les descriptions ont paru quelquefois suspectes, deux Français d'une inaltérable bonne humeur, Marche et Compiègne, ont entrepris de remonter l'Ogôoué, dont l'embouchure, répondant à Port-Gabon, était déjà une possession française. On connaît les charmants récits de Compiègne sur les Osyébas et les Pahouins, et les épreuves de ce fin explorateur en remontant le fleuve inconnu ; l'esprit véritablement français du voyageur a popularisé le voyage et vivement intéressé toutes les classes de lecteurs. Mais aujourd'hui rien ne se fait sans argent, et il faut être négociant de quelque côté, pour être sûr de réussir. C'est pour cela que l'abbé

Durand est allé jusqu'au fond de la Chine compléter les collections de notre Muséum, et que Compiègne était réduit à tuer et à empailler sur les bords de l'Ogôoué des merles métalliques.

Compiègne, qui devait mourir patriotiquement à Alexandrie d'une balle allemande, n'était pas le premier Français dans ces climats, et déjà les Allemands des villes hanséatiques, dont on ne se défie pas assez, y avaient des succursales. Son successeur, Savorgnan de Brazza, a repris et agrandi sa tâche. Pendant que, par d'autres points, Speke et Grant, Livingstone, l'abbé Debaize, et, au nom de l'Association africaine, l'impétueux Stanley, attaquaient le plateau central, il n'hésitait pas à se diriger de Port-Gabon sur le Congo, en traversant un pays tout à fait inconnu dans les deux tiers de son parcours. Aidé par Marche, devenu son compagnon, et par quelques intrépides soldats de l'infanterie de marine, il a pleinement réussi, et, en fondant sur le Congo le comptoir français de Brazzeville, il a pu dire : Stanley a vu les rapides du grand fleuve ; moi, je les ai tournés.

Résultat admirable, Messieurs, car il est le seul pratique ; il donne, en effet, un accès facile au centre d'un bassin immense, capable de toutes les productions ; il le donne en pays noir, et non pas en pays musulman, ce qui est d'une importance incalculable ; il utilise, précisément au point critique et sur une rive acquise à l'influence française, une nappe d'eau large et profonde, d'une grande étendue, constamment navigable ; il respecte en même temps les intérêts des Portugais, qui se confondent désormais avec les nôtres ; il détermine au profit de notre commerce national un courant d'une haute valeur, dont personne ne pourrait dès à présent déterminer la puissance. Stanley, dont les grands services ne sauraient faire oublier les procédés extravagants, s'est perdu en quelque sorte par ses fautes ; il a compromis son œuvre en pillant et brûlant, en s'aliénant les populations, et sera sûrement arrêté, s'il ne l'est déjà, par la sagesse de ses commettants (1). Bientôt, surtout si on ne marchande pas les ressources nécessaires, les affluents septentrionaux du Congo seront reconnus par Brazza, qui est plein d'espérance et de vie ; on touchera au Bahr-el-ghazal, peut-être aux sources du Tchari, et vingt-cinq à trente degrés carrés d'un pays vierge demeureront acquis à notre commerce et à notre colonisation. N'est-il pas vrai, Messieurs, qu'un service si éclatant méritait bien le grade de lieutenant de vaisseau ?

Nous avons eu notre part dans les découvertes du plateau central ; nous y trouvons l'abbé Debaize, mort trop tôt pour la science, et il y a quelque part autour de l'Ounyamouezi un Français, simple matelot, qui a épousé la fille d'un roi nègre, et qui règne au nom de son beau-père. A Zanzibar, le sultan était autrefois des nôtres ; il cajolait nos missionnaires ; il a fait le voyage de Paris. Mais il faut se défier de lui, et de ceux qui viendront après lui, car ils sont musulmans ; ils sont les fils des imans de Mascate, et la traite, qui est une grosse branche de

(1) *L'Exploration*, n° 373, p. 512 (14 mars 1884).

leurs revenus, sera toujours un sujet de brouille entre eux et nous. Avant de conclure nous aurons à revenir sur cette grave question.

S'il y a peu de chose à faire pour l'Européen sur la côte de Mozambique, si brûlée et si fiévreuse, tout autre est la grande île de Madagascar, déjà occupée sur plusieurs points au XVII° siècle, et toujours l'objet depuis de tentatives avortées. Nous ne réclamons pas toute l'île, quoique la priorité nous la donne. Mais il y a des points sur lesquels notre suzeraineté est acquise ; des traités nous assurent certains autres points, certains privilèges ; il y a en cause des intérêts moraux, des rivalités politiques ou commerciales que nous ne pourrions sacrifier sans dommage et sans déshonneur. Il suffit de citer Mayotte, une des Comores, et le meilleur port du canal de Mozambique ; Nossi-bé et les îles adjacentes, où se cultive la canne à sucre ; Ste-Marie et son territoire, qui approvisionnent de viande fraîche l'île de la Réunion. La répression d'abus criants, trop longtemps tolérés, a été poursuivie avec beaucoup d'énergie ; le droit de la France, reconnu par tous les traités antérieurs, a été affirmé dans nos assemblées politiques aussi solennellement que possible ; nous devrons sans doute à cette attitude, tardive, mais nécessaire, tout le territoire dont nous avons besoin pour notre marine et pour l'extension de notre colonie de la Réunion qui aspire à s'agrandir. L'Angleterre, qui a besoin de prudence, nous laissera régler à notre guise un débat qui ne la concerne pas, et dont la solution nous appartient. Sur ce point donc, il y aura encore un progrès considérable. N'oublions pas, à propos de Madagascar, les travaux de M. Grandidier : ils ont changé l'aspect de la grande île africaine, et fait plus pour sa géographie que tous les travaux antérieurs.

IV.

Sur la route de l'Inde, à la Réunion, on a créé, au nord-ouest, l'excellent port de refuge de St-Paul (pointe des Galets) vainement réclamé depuis cinquante ans, et un chemin de fer allant au sud jusqu'à St-Pierre, à l'est jusqu'à St-Benoît. Ces grands travaux, qui transforment la colonie et en font en quelque sorte une tête de ligne pour nos établissements de Madagascar, sont achevés, et le port de St-Paul sera inauguré dans le courant de cette année. C'est une dépense de trente-cinq millions de francs, digne de la patriotique contrée qui en bénéficie, et faite à propos, car elle coïncide avec le développement de notre vie coloniale dans ces régions, et permettra à l'île destinée à en rester longtemps le centre de montrer, en s'inspirant du génie de Labourdonnais, qu'elle mérite ce qu'on a fait pour elle.

Dans l'Indoustan on demeure stationnaire, et cela est forcé, car on n'y possède que des enclaves. Pas de fortifications ; pas d'autre garnison que quelques compagnies de cipayes, commandées par des officiers de marine ; au lieu de colons, des coolies, protégés par des lois imprudemment libérales contre quelques familles de créoles mélangés ; en un mot, de purs comptoirs de commerce où, quoique à vrai dire il n'y ait pas de représentés, il faut à toute force que nous ayons des représentants. Ce n'est pas très-différent dans la Polynésie : quelques bons mouillages pour les baleiniers et les bâtiments de guerre; un millier de Français, 25,000 indigènes, ce qu'il faut de fonctionnaires et de soldats pour maintenir sur quelques bancs de coraux le drapeau tricolore, et s'abriter sous ses plis.

La Nouvelle Calédonie n'a pas absolument le même caractère : plus rapprochée et plus grande, elle est aussi plus solidement occupée, et dans l'histoire de la métropole elle a un rôle qui satisfait à un besoin : c'est une colonie pénitentiaire. Elle a reçu d'abord les vaincus de la Commune de Paris, et contribué ensuite pour sa part à l'évacuation des bagnes. Déjà des résultats sérieux ont été obtenus : il y a de la houille; l'horticulture et l'élève du bétail sont possibles. Mais, le croirait-on, si les faits ne nous l'apprenaient? quelques rares évasions ont mis les îles voisines en émoi. Les Australiens, qui ont recruté plus d'un ancêtre dans les work-houses, et dont le livre d'or est souvent un registre de police, ont eu des scrupules; ils ont craint de voir s'altérer la pureté de leur sang; peut-être même, comme au temps de Titus Oates, ont-ils eu peur d'être conquis : ils sont si naïfs! Bref, ils ne se croient pas suffisamment protégés par une mer de 1,300 à 1,400 kilomètres, qui a plusieurs centaines de mètres de profondeur. Ils menacent; ils parlent, si l'on continue d'envoyer des convicts, de fermer leurs ports à la contagion; avec un peu plus d'insistance, ils émigreraient et laisseraient le Queensland devenir une terre française. C'est un des chapitres les plus inattendus de la diplomatie contemporaine, pourtant si curieuse, et on peut le comparer aux idées des Espagnols sur l'occupation française du Maroc. Ce qui est plus grave pour la Nouvelle Calédonie, ce sont les attaques, sinon toujours accueillies, du moins toujours tolérées, d'un parti emporté jusqu'à la démence, attaques qui rendront bientôt impossible, à cette distance de la métropole, le rôle des gouverneurs.

V.

Nous arrivons, Messieurs, à l'extrême Orient, c'est-à-dire à la Cochinchine. La route est longue, mais je l'ai voulue, pour vous reproduire, dans un tableau rapide et véridique, tout ce qui a été accompli ou préparé en quinze ans par ce régime républicain si incriminé et si patient. Oui, Messieurs, tout cela a été fait ou poursuivi en quinze ans, au lendemain d'une guerre déplorable et d'une crise qui aurait pu être mortelle, si la France pouvait mourir. Partout il a suffi du principe lui-même, et du libre développement qui en est la conséquence, pour donner ce puissant élan et ce grand exemple. Jamais, depuis la grande époque du règne de Louis XIV, le drapeau français n'a été porté sur autant de rivages, et jamais il n'a été l'objet d'autant de respects.

Je ne veux pas refaire avec vous la géographie et l'histoire de l'extrême Orient. Si c'est un écueil de mon sujet de vous entretenir de ces pays après tant d'autres, c'est en même temps un avantage, car vous êtes au courant, et je puis abréger sans me nuire. D'abord, Messieurs, il y a trois contrées distinctes : au centre, le royaume d'Annam, que nous protégeons, dont nous avons désormais la tutelle légale, et que nous absorberons tout à fait si l'on n'est pas sage ; au midi, la basse Cochinchine, dont nous sommes les maîtres, et le Cambodge, son annexe, qui subit docilement notre patronage ; au nord, le Tonkin, ancienne dépendance de l'Annam, que nous sommes en train de reconquérir. Nos droits sur la baie de Tourane viennent de <u>Louis XVI</u>, à qui le roi Gya-Long avait fait ce superbe cadeau. Mais (et, Messieurs, nous serions fous de l'oublier <u>aujourd'hui</u>), la querelle, déjà vieille, vient d'hommes ardents jusqu'à l'imprudence, intolérants jusqu'à la folie : je veux parler des missionnaires catholiques.

Vous connaissez les persécutions suscitées aux chrétientés, c'est-à-dire aux paroisses catholiques de l'Annam, par les mandarins boudhistes, et l'action simultanée de l'Espagne et de la France sous le règne de Napoléon III. C'était pour venger les missionnaires que l'on s'armait, et je dois dire avec sincérité qu'on en était bien aise : on voulait à l'extérieur de la gloire et de l'expansion. Le premier traité de Hué nous donna en toute souveraineté la basse Cochinchine, dont le roi d'Annam avait fait un lieu de déportation pour les criminels de ses états. Un traité avec le royaume de Siam reconnut en même temps notre protectorat sur le Cambodge, en exceptant la province d'Ang-cor, demeurée siamoise, et ces résultats, aussi utiles que brillants, furent consacrés par la fondation de Saïgon. C'était pour le commerce national un admirable port de relâche au centre des mers de l'Indo-Chine, et autour de lui l'exploitation assurée d'un territoire fertile, équivalant à vingt de nos départements.

Les revers de 1871 devaient avoir à Hué leur contre-coup, et le roi Tu-Duc, que le voisinage de la France gênait visiblement, renouvela ses provocations. Il fallut encore intervenir, et l'action militaire fut aussi rapide, aussi décisive qu'elle l'avait été auparavant. Le second traité de Hué, en conférant à la France le protectorat de l'Annam, étendit ses obligations ; elle demeura chargée à l'intérieur de la police, au dehors de la défense, partout du contrôle de la recette et de la dépense; elle devait en même temps supprimer la suzeraineté nominale de la Chine, qui n'était qu'un prétexte de vexations, et protéger le Tonkin, annexe de l'Annam, contre les pirateries et les incursions des Pavillons Noirs.

Par sa situation exceptionnellement favorable, le Tonkin était le véritable nœud de la question, et Napoléon III l'aurait compris assurément, s'il n'avait pas cru devoir, dans un intérêt dynastique qui lui a assez mal réussi, ménager les susceptibilités de l'Angleterre. Voilà pourquoi Saïgon a été fondé avant de prendre Hanoï. Mais les progrès de l'exploration devaient amener fatalement des complications nouvelles, et le commerce national, toujours à la recherche de nouveaux marchés, ne devait pas tarder à découvrir celui-là.

Un négociant français, Jean Dupuis, riche et aventureux, vit qu'il y avait là un débouché des plus vastes ; il eut l'art de dissimuler parfaitement son but, et, sacrifiant audacieusement une fortune déjà faite à la poursuite d'une idée grandiose, il obtint du plus soupçonneux des gouvernements des lettres de crédit qui lui permirent de parcourir librement et d'étudier à fond les provinces dont il convoitait les richesses. Il remonta le cours du Yantse-Kiang, séjourna dans la capitale de l'Yunnan, notant avec soin tous les incidents de son voyage. Quand il eut pris ses renseignements, il leva le masque, descendit le Song-Coi en se frayant un chemin au besoin par les armes, et, parvenu dans le Delta, il dit à l'amiral commandant la station navale de Cochinchine : voilà ce que j'ai vu ; voilà ce que j'ai fait. Ce pays, qui abonde en métaux et en richesses de toutes sortes, je vous le livre ; osez le prendre : il est à vous !

C'était bien tentant, et il se trouvait que ce n'était pas injuste. La Chine avait sur le Tonkin moins de droits encore que sur l'Annam ; elle y avait renoncé solennellement depuis plus d'un siècle ; elle n'y avait conservé aucun prestige ; les Pavillons Noirs et Jaunes, qui y dominaient, étaient pour elle des révoltés, comme pour l'Annam lui-même. Sans doute l'Annam n'avait pu réduire des pirates qui infestaient ses frontières, mais la France, chargée de ses intérêts, héritière de ses droits, et d'ailleurs infiniment plus puissante, devait réussir où l'Annam avait échoué. L'amiral hésita : il connaissait les caprices de l'opinion publique, qui ne sourit guère aux aventures, et il avait un peu peur de tout le monde ; enfin, ce qui est moins excusable, il eût voulu, en se hasardant, garder pour lui la gloire tout entière. Deux officiers français, Garnier et Rivière, furent moins scrupuleux, et montrèrent plus de courage. Ils payèrent leur entreprise de leur vie, et succombèrent à la tâche comme tant d'autres avant eux, mais ils réussirent à engager la lutte, et leur sang fut le premier enjeu de la conquête.

Il serait puéril, dans notre vie publique si rapide et si bien renseignée, de refaire le tableau des intrigues de la Chine à Londres et à Paris, de rappeler le langage tortueux et les impudentes indiscrétions de son ambassadeur, qui auront précédé de bien peu, nous l'espérons du moins, le congé le mieux mérité. La prise de Son-Tay et celle de Bac-Ninh ont eu, dans le monde entier, un retentissement flatteur pour notre orgueil. Le Delta du Song-Coi est définitivement français, et bientôt l'occupation de Hang-Hoa mettra Son-Tay à l'abri de toute atteinte. Mais la question ne sera pas résolue, et une position nouvelle, improvisée par des milliers de corvéables, reproduira à dix ou quinze lieues en arrière les atermoiements et les barrages. Ce qu'il faut, c'est un traité formel, ou mieux la conquête du Tonkin tout entier. Qu'on soit persévérant, et l'on sera bientôt le maître de tout le pays. Il le mérite, car il est fertile et salubre, à l'abri de tout voisinage européen, et il compte dix millions d'habitants.

Dans ce brillant essor du mouvement colonial, sans analogue pour nous depuis deux cents ans, il importe de nous pénétrer de quelques vérités, si nous ne voulons pas nous créer des mécomptes. Là comme partout, en effet, c'est après la bataille que l'ère des difficultés commence. De même qu'aux Antilles, au Sénégal et dans l'Inde, des hommes convaincus sans doute, mais imprudents, ont fait accorder beaucoup trop aux hommes de couleur, et surtout beaucoup trop tôt, de même à Saïgon, à Hué, à Hanoï, nous devrons, si nous voulons alléger sensiblement le poids de l'œuvre colonisatrice, nous tenir en garde contre les missionnaires de tout ordre, catholiques et protestants, et demeurer fidèles, dans ce pays de fanatisme religieux, à la politique d'impartialité absolue qui prévaut si justement en France. Admirons le courage des missionnaires, reconnaissons libéralement leurs services, protégeons leurs personnes et leurs propriétés, mais obligeons-les à respecter les lois ; qu'ils sachent dans tous les cas, s'ils les enfreignent, que ce sera à à leurs risques et périls, et qu'ils se trouveront en présence du droit commun. Soyons partout tolérants, ménageons les croyances de tous, traitons les mandarins boudhistes comme les rabbins et les cadis ; assurons à tous une justice équitable, des juges désintéressés, une bonne police ; régnons sur les cœurs par l'heureux contraste des abus antérieurs et de la liberté. Disons tout haut que ce ne sont pas des catholiques que nous voulons, mais des français. Que l'on soit catholique si on le désire, cela nous est parfaitement égal, pourvu qu'on soit paisible, laborieux et obéissant. Il serait plaisant, en effet, sous le régime républicain, qui est notre force et notre honneur, de voir naître par notre faute une guerre de religion.

VI.

Je vous ai déjà bien longtemps entretenus, Messieurs, et cependant j'aurais encore à vous soumettre quelques considérations sur la portée morale de ce mouvement colonial qui grandit d'heure en heure. Je serai aussi sobre que possible, et j'indiquerai les problèmes qui se posent, plutôt que je ne les résoudrai.

Le premier et le plus grave, en Asie comme en Europe, est celui du travail colonial, qui s'appelait encore il y a un siècle la traite des noirs, et auquel les économistes contemporains ont donné, au respect de la race blanche, un nom plus exact et moins odieux. Aujourd'hui, la lumière se fait sur cette grave question qui a inutilement fait couler des flots d'encre et coûté des milliards; il y a déjà bien des années que l'évolution dont le général Gordon vient à Khartoum de donner la formule, a été faite dans la science. Pour les nations chrétiennes, en effet, il n'y a plus de traite des noirs, ni dans l'ancien monde, ni dans le nouveau. C'est seulement sur quelques points de l'Asie, et à l'intérieur de l'Afrique, entre nègres et arabes, que cela existe encore, et grâce aux complications qu'entraînerait fatalement une prohibition sérieuse, on se résignera probablement à souffrir dans ces régions un mal nécessaire. On ne répudie pas pour cela la théorie, mais on l'éclaire en revenant au possible, et on en limite l'application. On laisse les peuples indépendants de l'Asie et de l'Afrique centrale se gouverner à leur guise, conserver l'esclavage et se passer de la Bible, parce qu'on arrive à se convaincre qu'on ne peut ni les empêcher de s'exterminer, ni les obliger à se convertir.

Reste le travail colonial, impossible à l'homme de race blanche sous le climat des tropiques, et absolument indispensable à la production d'un grand nombre de denrées précieuses, de matières premières et d'objets de commerce : il faut y recourir ou renoncer à la colonisation. Dès lors, et si l'on admet ce principe, confirmé par une expérience de quatre siècles, le problème est en voie de solution, car il ne s'agit plus que d'un système pratique, ayant tous les caractères d'une transaction, ayant pour but d'obtenir, avec tous les adoucissements et toutes les garanties compatibles, l'instrument nécessaire.

Le nègre, le chinois, le coolie est un mineur sur lequel on exerce ou on délègue une tutelle légale dans des conditions prévues et nettement déterminées. Il travaille, mais on le nourrit et on le paie ; on lui constitue une masse de prévoyance qui, la tâche accomplie, sera sa propriété. Une réglementation beaucoup plus humaine est imposée aux maîtres, soumis eux-mêmes à la surveillance des tribunaux ordinaires. Ce n'est plus là de l'esclavage, ou même du servage ; c'est du patronat, un patronat contrôlé, et si nous nous reportons seulement aux derniers siècles du moyen âge, au règne de saint Louis, par exemple, signalé par tant d'améliorations, le livre des métiers, qui faisait loi alors dans tout le domaine royal, était plus rigoureux pour les apprentis chrétiens. Il est établi que le sort actuel des travailleurs sous ce régime est plus doux que la domination de leurs anciens maîtres, et ce qui le prouve, c'est l'affluence des chinois, contractant l'engagement volontaire; c'est encore la prospérité des îles hollandaises de la Sonde, où la population ne cesse de s'accroître, quoique le travail soit obligatoire. Ici sans doute les javanais ont des rois indigènes, mais c'est par des résidents hollandais que le travail est surveillé.

Messieurs, dans tout ce qui précède, il n'y a point de place pour des vues personnelles; s'il m'arrivait d'en avoir, ce serait tout gratuit, car le procès n'est pas là. Je constate seulement que sans le travail indigène, noir ou jaune, il n'y a dans la zone torride rien de possible, que les blancs n'y résistent nulle part, et qu'il faut accepter ce tempérament ou renoncer à la colonisation. Cela explique le revirement passablement brusque que la force des choses inspire au gouvernement anglais, et Gordon, en s'en faisant l'organe, a fait preuve de résolution et de sagesse. Il importe aussi que nous sachions tous que partout, dans nos colonies tropicales anciennes et nouvelles, le travail manuel n'est pas œuvre de blanc, et qu'à l'exception des mines, qui sont des entreprises individuelles, le blanc dirige, sans jamais cultiver. Le problème, ainsi posé, se réduit donc à cette alternative : ou accepter les faits, ou laisser les pays équatoriaux aux races qui se les disputent, avec des maux infiniment plus grands, et sans aucune compensation.

Un autre côté fort important de la colonisation, c'est le régime pénitentiaire. En Amérique, Cayenne et St-Laurent du Maroni, en Océanie, la Nouvelle

Calédonie ont été le théâtre de longues expériences, et le système de transportation qui est en vigueur a été fort attaqué, depuis quelques années surtout. On a contesté les résultats; on est allé jusqu'à révoquer en doute le droit lui-même. Non, disent les adversaires, vous n'avez rien fondé, vous n'avez rien amélioré. Partout où l'Angleterre a déporté des convicts, au lieu de devenir honnêtes et laborieux, ils ont achevé de se corrompre; ils se sont réciproquement exterminés, et leurs successeurs seuls ont prospéré. La déportation, disent-ils encore, est un attentat contre la liberté; les nations à qui vous faites présent de vos malfaiteurs ont parfaitement le droit de protester contre un pareil voisinage, et c'est le cas ou jamais de se prévaloir de l'axiome : chacun pour soi, chacun chez soi.

Messieurs, cela est faux à tous égards, faux et dangereux. La société, en effet, a le droit absolu de résister aux maux qui la rongent, et d'opposer à ces maux les remèdes qui lui paraissent le mieux appropriés; et de même que, matériellement, toute agglomération d'hommes implique des dépotoirs, dont l'édilité détermine l'emplacement, de même, moralement, elle exige l'élimination des parties viciées et corrompues, et leur expulsion hors de portée de nuire, sans que jamais cela puisse excéder son droit. Tous les peuples en ont usé de même, à toutes les époques, même les Annamites, et la Basse-Cochinchine ne s'est pas peuplée d'autre façon. En supposant que le déporté ne se corrige jamais, ce qui n'est pas acceptable, du moins il assainit par le fait seul de son

absence, qui le met hors de portée de nuire ou de
séduire, et bientôt, nous l'espérons, la transportation
sera le lot du récidiviste endurci. La patrie appartient
aux obéissants, qui acceptent ses lois, et concourent à
sa grandeur; elle suffira toujours à les nourrir. La
colonie pénitentiaire appartient aux violents, qui ne
connaissent que la force, et qui n'ont le sentiment ni
du bien ni du droit.

Ainsi, dans le mouvement colonial, tous ont leur
place et leur raison d'être, les transportés comme les
indigènes. Mais les vrais colons, où les prendre et les
recruter? Ici encore rien d'absolu, et, si les conditions
sont bonnes et bien comprises, le courant se produira
de lui-même. Or, Messieurs, les conditions n'ont
jamais été meilleures en ce qui peut dépendre du
Gouvernement. L'enquête est en quelque sorte perpétuelle ; chaque jour la complète et y apporte son
élément ; les soldats, recrutés dans toutes les classes
de la nation, et sur tous les points du sol natal, dis-
persés par le service obligatoire dans toutes les
directions, rapportent partout ce qu'ils ont vu, ce
qu'ils ont appris, ne cachant pas les difficultés, ne
dissimulant pas les avantages, faisant souvent des
observations pratiques d'une grande valeur, et plus
justes, plus efficaces que celles des voyageurs eux-
mêmes. C'est à celui qui se sent le goût et le courage
de tenter l'aventure, de voir s'il est assez robuste
et assez persévérant pour s'y exposer.

Les fonctionnaires qui président à l'installation de
la colonie, à l'organisation du service dans toutes ses
branches, ont aussi un rôle prépondérant par les té-

moignages qu'ils rendent, les renseignements et les
facilités qu'ils donnent, l'aide qu'ils prêtent quand ils
en sont requis, les observations qu'ils transmettent
à leurs chefs hiérarchiques, les réformes et les subsides
qu'ils réclament. Aujourd'hui Saïgon, avec ses villas
noyées dans la verdure, est une ville française; en
quelques années, Hué sera son émule; Hanoï aura
sa place Garnier, ses allées Rivière; Bac-Ninh aura
son boulevard Négrier, son fort Millot; Thaï-Nguyen
aura son fort Brière de Lisle. Partout des juges
instruits et bienveillants feront respecter les droits
acquis, réprimeront avec fermeté, d'où qu'ils viennent,
les empiètements et les violences, préviendront les
mécontentements. La population indigène, séduite par
le bienfait de l'ordre, qu'elle a toujours ignoré, se
livrera avec confiance à un travail modéré, dont elle
sera sûre d'avoir sa part, et la prospérité des îles de la
Sonde sera égalée par nos établissements de l'extrême
Orient.

Alors, Messieurs, le colon abondera, le vrai colon (1).
L'ouvrier de nos grandes villes, dans cette heureuse
contrée où les grèves sont inconnues, viendra échanger
les maigres salaires et les déclamations malsaines
contre les joies pures d'une aisance assurée unie à la
vie de famille; sa reconnaissance le ralliera au drapeau
qui aura protégé ses travaux, et il sera fier d'appar-
tenir à cette France nouvelle, créée à l'extrémité du
vieux monde par la République française.

(1) Discours de M. Mauger, député du Calvados, à l'inaugu-
ration des écoles de Bonnemaison.

Caen, Typ. F. Le Blanc-Hardel.